55 Kalligrafie-Bilder

zum Nachschreiben für Anfänger und Fortgeschrittene

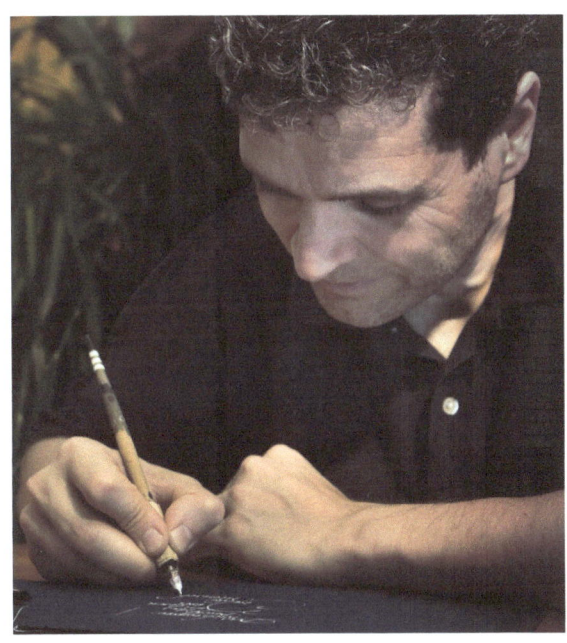

von Kalligraf Werner Winkler

ISBN: 9781717942142
Independently published
Alle Rechte beim Autor, 1983-2018
www.kalligrafien.de

Durch Nachschreiben (auch mit anderen Schreibwerkzeugen oder Materialien wie das Original) trainieren wir unser Auge und unsere Gefühl für Proportionen.

Hier ein einfaches Beispiel zum Einstieg. Geschriebene mit einer Bandzugfeder und Tinte auf einem relativ glatten Papier (wegen der Schwünge). Abbildung in Originalgröße.

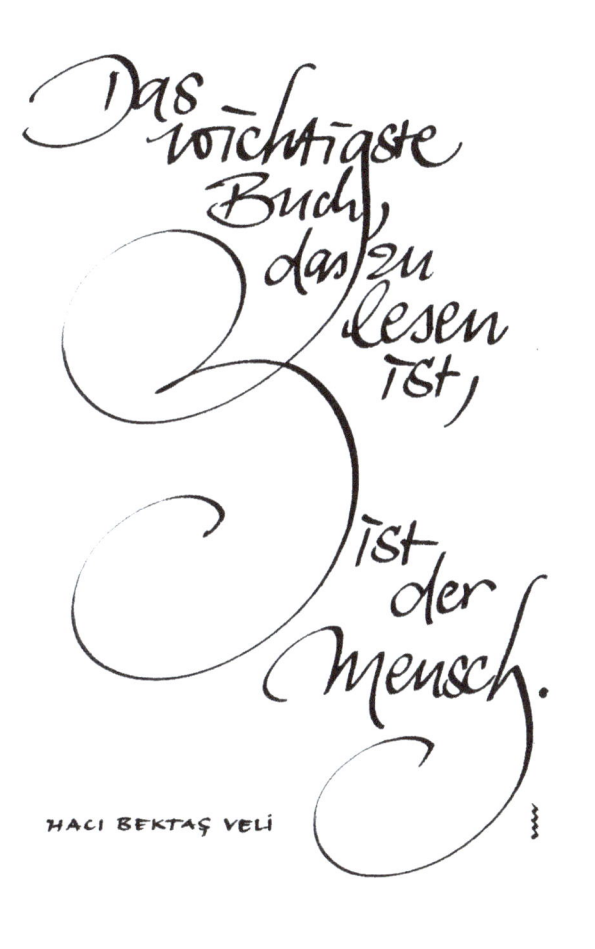

Dieser klassische Text wurde mit den Großbuchstaben der Antiqua und Fließtext in Textur geschrieben. Original mit schwarzer Tinte auf weißem Papier. Die Abbildung ist etwas verkleinert und wurde mit Photoshop invertiert.

Es empfiehlt sich hier, Hilfslinien zu ziehen, damit die Zeilen möglichst gerade werden.

Shall I compare thee to a summer's day?
Thou art more lovely and more temperate:
Rough winds do shake the darling buds of May,
And summer's lease hath all to short a date:
Sometime too hot the eye of heaven shines,
And often is his gold complexion dimmed;

William Shakespeare, from Sonnet XVIII.

Im oberen Beispiel wurde der Text in zwei Teile gegliedert, um die Wirkung des Inhalts zu unterstreichen. Die Schwünge bilden die Verbindung dazwischen.

Als Schrift wurde eine der Italic entlehnte Handschrift gewählt, was dem persönlichen Charakter des Sinnspruchs entspricht.

Unten hingegen unterstreichen die beiden ineinander greifenden Schwünge die Hauptzeile, die noch durch Colorierungen hervorgehoben wird.

Du bist nicht besser, wenn man dich lobt, und nicht schlechter, wenn man dich lästert.

Thomas von Kempen

Wenig verlangt die Natur, die landläufige Meinung unermesslich viel.

Seneca

Der gleiche Text in zwei Versionen. Oben als schwungvolle Handschrift und linksbündig angelegt. Unten näher an der Italic und mit ausladenden Schwüngen, die den Rhythmus der Sprache aufnehmen und verstärken.

Die farbigen Akzente wurden mit Buntstiften gesetzt.

Ich
liebe
die Sonnenuntergänge
sehr.

Komm, lass uns
einen Sonnenuntergang
anschauen...

Saint-Exupéry, Der kleine Prinz

Ich liebe
die
Sonnenuntergänge
sehr. Komm, lass
uns
einen
Sonnen-
untergang
anschauen...

Saint-Exupéry, Der kleine Prinz

Für dieses Motiv ziehen wir zuerst mit weichem Bleistift die Form des Herzens.
Wer es sich einfach machen möchte und ein symetrisches Herz erzielen will, faltet ein Blatt auf die Hälfte und zeichnet zuerst ein „halbes Herz", das er dann doppelt ausschneidet. Aufgefaltet haben wir dann das ganze Herz, das als Schablone verwendet werden kann.

Das Muster ist mit einer Bandzugfeder und weinroter Tinte geschrieben.
Um die Zeile passend zu bekommen, sind meist mehrere Versuche notwendig.

Write on your hearts that every day is the best day of the year. R.W. Emerson

Zwei kreative Möglichkeiten, seinen Dank kalligrafisch auszudrücken.

Im oberen Bild nehmen wir zwei oder drei unterschiedliche Tinten und Federn. Das Blatt wird nach jedem Wort im Uhrzeigersinn um 90° gedreht und das nächste Wort wird so platziert, dass sich die Fläche möglichst gleichmäßig füllt.

Der Danke-Kreis wird z.B. mit einem Glas vorgezeichnet und dann grob in die erwünschte Anzahl von Wörtern unterteilt. So sieht man, wie lang das Wort werden darf.

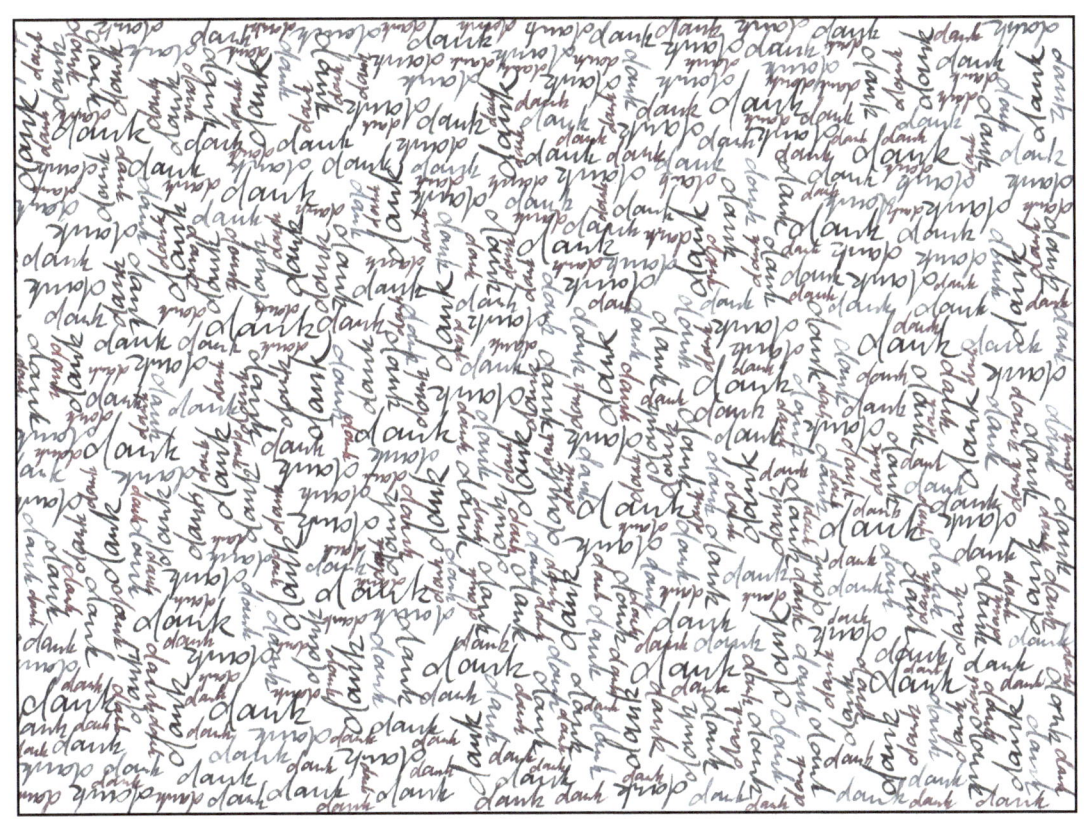

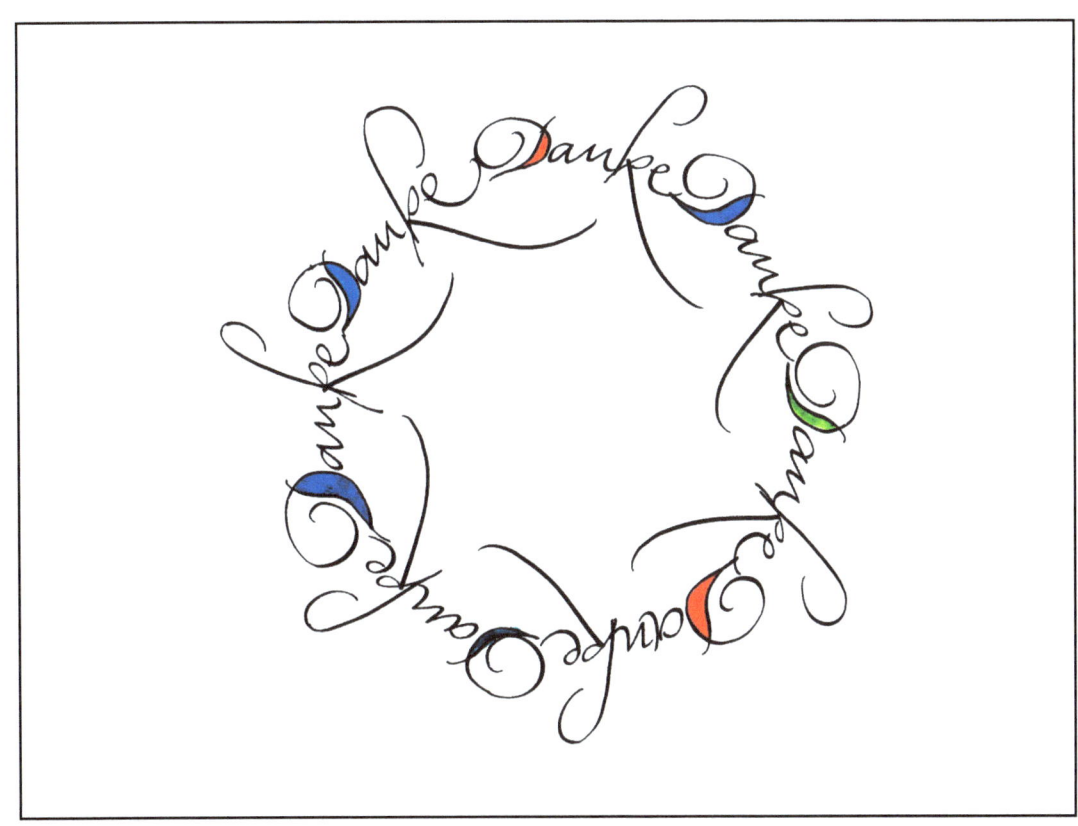

Um diesen Text gleichmäßig zu schreiben, empfiehlt sich für Anfänger ein Linienvorlage unter dem Schreibblatt. Fortgeschrittene versuchen es ohne Linien und vertrauen ihrem Auge. Wenn man unter das weiße Blatt einen dunklen Untergrund legt, ist die Blattkante oben und unten besser zu sehen und es fällt leichter, die Linie zu halten.

Der Text ist in einer der Italic nachempfundenen Handschrift ohne jegliche Ausschmückung geschrieben. Beim Nachschreiben nicht zu eng an das Vorbild halten, sondern der eigenen Handschrift Raum geben.

Aus dem Film
»Don Juan de Marco«

Es gibt vier wichtige Fragen im Leben:
„Was ist heilig?"
„Woraus besteht der Geist?"
„Wofür lohnt es sich zu leben?"
„Wofür lohnt es sich zu sterben?"
Die Antwort ist auf alle vier gleich:
die Liebe.

Beide Texte wurden mit blauer und roter Tinte geschrieben, die sich während des Schreibvorgangs vermischen. Dazu nutzt man einen Pinsel, mit dem die Tinte in das Schreibwerkzeug eingestrichen wird. Alternativ kann man helle Aquarellfarbe nehmen.

Das linke Beispiel ist mit einem Buchenholzstab geschrieben und dann mit Hilfe von Photoshop invertiert. Das rechte mit einem zugeschnittenen Balsaholz; aus diesem fließt die Tinte nicht gleichmäßig, was den Zufallscharakter der hellen Stellen erzeugt.

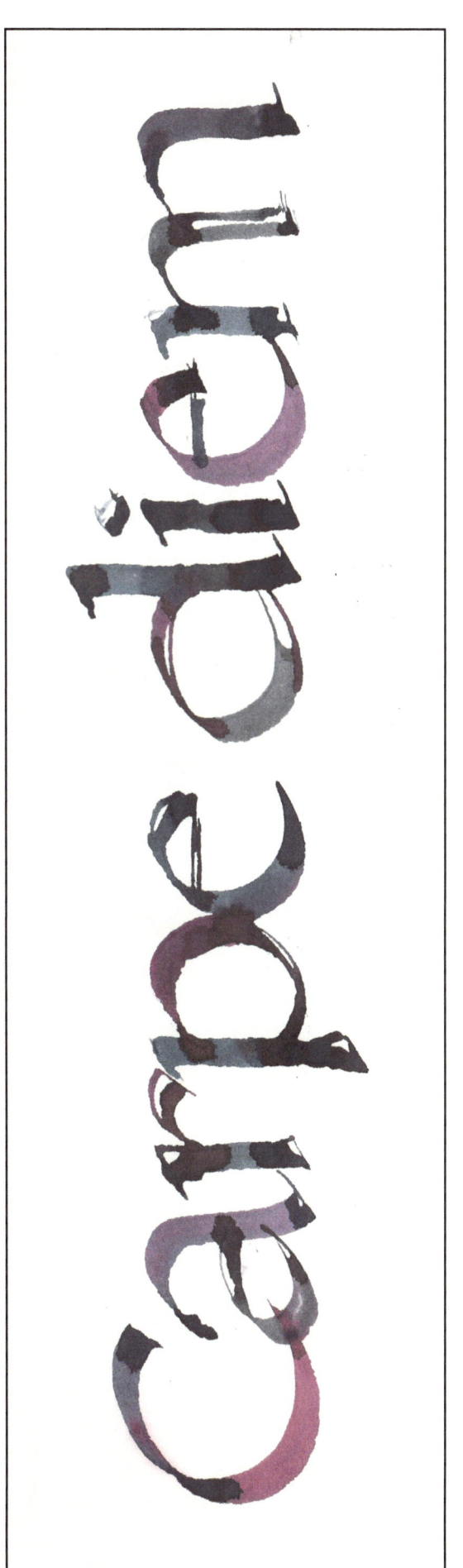

Um schöne Schwünge zu erzielen nehmen wir ein Papier oder einen Karton, auf dem die Bandzugfeder leicht und trotzdem sicher läuft. Also nicht zu glatt, damit man nicht beim Schwingen wegrutscht.

Die Zeilen werden ohne Linien aneinander gesetzt. Die Farbakzente mit Buntstift setzen.

the highest good is untouched by death.

— Seneca

Ein Beispiel für die Verwendung der Ziehfeder. Sie wird recht flach angesetzt, um die breiten Striche zu erzielen. Dabei dürfen die Buchstaben durchaus ineinander übergehen oder sich zu neuen Formen verbinden – so lange die Lesbarkeit erhalten bleibt.

Idealerweise füllt man vor jedem Buchstaben neue Tinte ein. Nach dem Trocknen wird mit Filz- oder Farbstiften, alternativ mit Tempera- oder Aquarellfarbe coloriert.

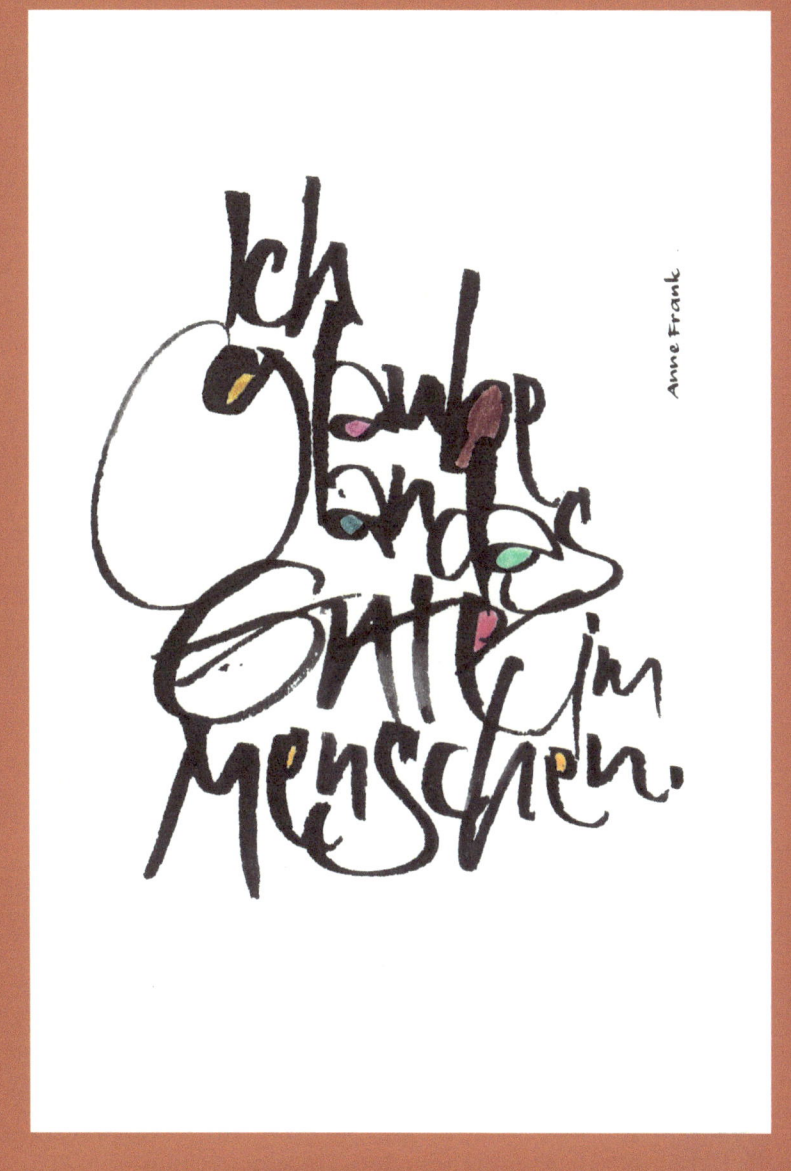

An diesen beiden Beispielen soll gezeigt werden, dass auch kleine Veränderungen im Ergebnis eine andere Wirkung hervorrufen. Die Schrift ist nah an der Handschrift gehalten und lässt so an einen Tagebucheintrag des Autors oder eine Grußbotschaft denken. Beide Bilder sind mit der Bandzugfeder und Tinte geschrieben.

Während im oberen Bild der extravagante Schwung den Text dominiert, liegt im unteren die Betonung mehr auf den Zeilen, was noch durch die schlichte Italic unterstrichen wird. Der Schwung ist nur ein zusätzliches Zierelement.

Wir
dürfen
uns
nicht
entmutigen
lassen,
wenn
neue Entdeckungen
unerwartete
Tiefen
enthüllen.

Arthur Eddington

Wir
dürfen
uns
nicht
entmutigen
lassen,
wenn
neue Entdeckungen
unerwartete
Tiefen
enthüllen.

Arthur Eddington

Hier wurde der gleiche Text unterschiedlich interpretiert. Einmal durch die Häufung des Wörtchens „viel", das dadurch betont wird.

Im unteren Beispiel werden die Worte so geschrieben, dass sie ein Minus- und ein Pluszeichen bilden. Es bietet sich an, beide mit Hilfe eines Bleistifts vorzuzeichnen.

Geschrieben mit Bandzugfeder in einer Italic-Handschrift-Variante.

Albert Schweitzer Das wenige, das du tun kannst, ist
viel viel viel viel viel viel viel viel
viel viel viel viel viel viel viel viel
viel viel viel viel viel viel viel viel
viel viel viel viel viel viel viel viel

das wenige, das
du tun kannst, ist

viel
viel
viel
viel viel viel
viel viel viel
viel
viel
viel

Albert Schweitzer

Eine leicht anzuwendende Technik, die besonders schöne Ergebnisse hervorbringt:
Zuerst wird das Wort mit einer Ziehfeder oder einem Pinsel in Wasser geschrieben.
Man kann das Wasser auch leicht einfärben (Tinte, Wasserfarbe). Nötig ist zudem ein
geleimter Karton, z.B. Aquarellkarton, damit das Wasser-Wort etwas stehen bleibt.
Mittels einer Feile und wasserlöslichen Buntstiften werden dann die Farben eingestreut
und am Ende die überschüssigen Farbstäube weggepustet.

Nach dem Trocknen mit Klarlack fixierten, auch Haarspray kann verwendet werden.

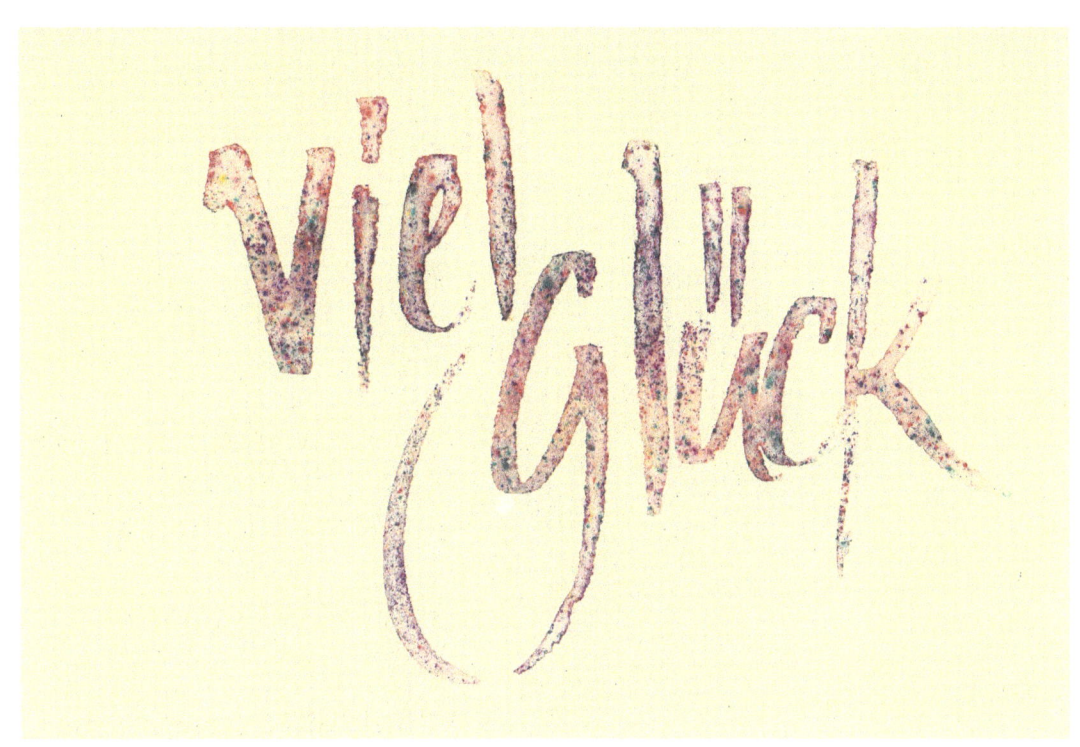

Für dieses Bild verwenden wir einen Pinsel, einen dunklen Karton und weiße Aquarellfarbe. Je nachdem, wie tief die Farbe in den Karton einsinkt, wird die Schrift heller oder dunkler.

Auch mit farbiger Tempera- oder Aquarellfarbe auf hellem Untergrund lassen sich schöne Ergebnisse erzielen. Das Blatt wird nach jedem Wort um 90° gedreht. Wer möchte, kann sich als Hilfe ein Quadrat mit Bleistift vorzeichnen.

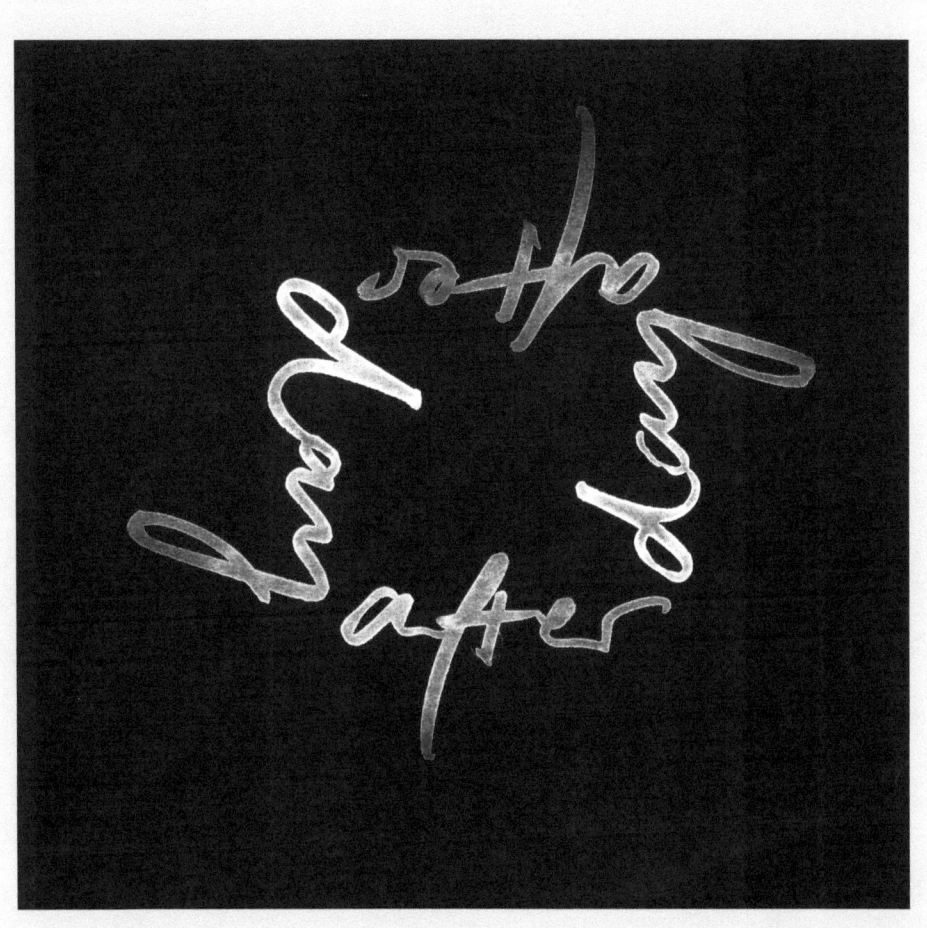

Zunächst üben wir die gewünschte Zeile in gerader Linie. Dadurch können wir auch abschätzen, wie groß wir schreiben müssen, um den Kreis zu füllen – hier doppelt, was den Inhalt betont. Wichtig ist, dass man die Buchstaben stets senkrecht zum Mittelpunkt ansetzt. Dafür muss man das Blatt nach jedem Buchstaben etwas drehen.

Als Hilfsmittel kann man nicht nur den Kreis mit einem Bleistift vorziehen, sondern auch Linien, die durch den Mittelpunkt laufen und die Richtung der Buchstaben vorgeben. Das Beispiel ist mit Pinsel und Tinte auf Conqueror-Karton geschrieben.

eins nach dem anderen. eins nach dem anderen.

Auch beim Kreis unten, einem Uncialis-Alphabet, ist es wichtig, die Buchstaben jeweils senkrecht zum Mittelpunkt zu schreiben, um eine gleichmäßige Wirkung zu erzielen. Bei der Unzialis ist es sinnvoll, zwei Hilfslinien (Ober- und Unterkante) zu ziehen.

Das Beispiel oben links lässt sich als Ein- oder Zweizeiler schreiben. Auch eine Variante in weißer Schrift auf dunklem Papier ist denkbar und sieht sehr schön aus. Ideal für weiße Schrift mit der Bandzugfeder eignet sich Aquarell-Deckweiß, das man mit abgekochtem Wasser anrührt, bis es die Konsistenz von Tinte hat und gut durch die Feder fließt.

Oben rechts ein Beispiel für die Bearbeitung mit dem Computer, was viele spannende Effekte ermöglicht (hier mit dem preiswerten Programm „Photoshop Elements").

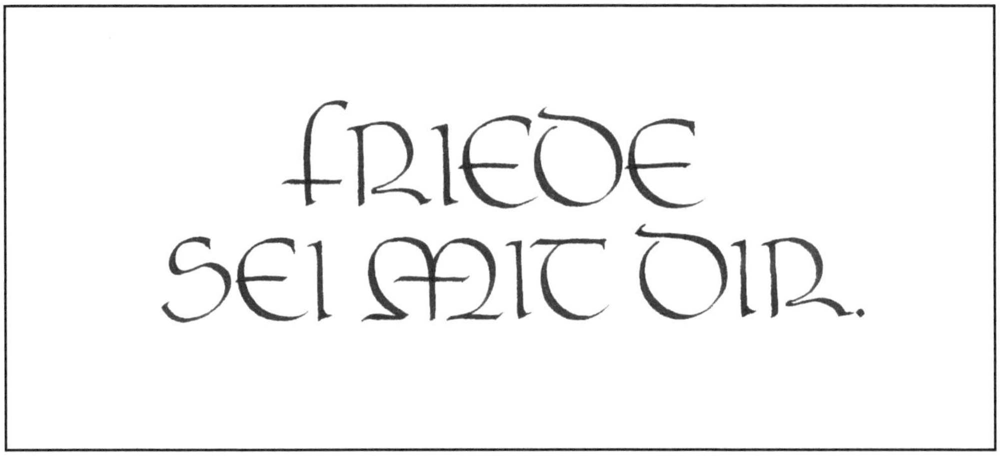

FRIEDE
SEI MIT DIR.

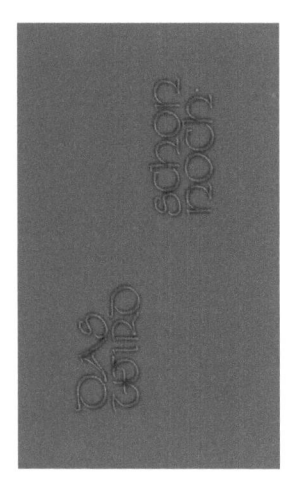

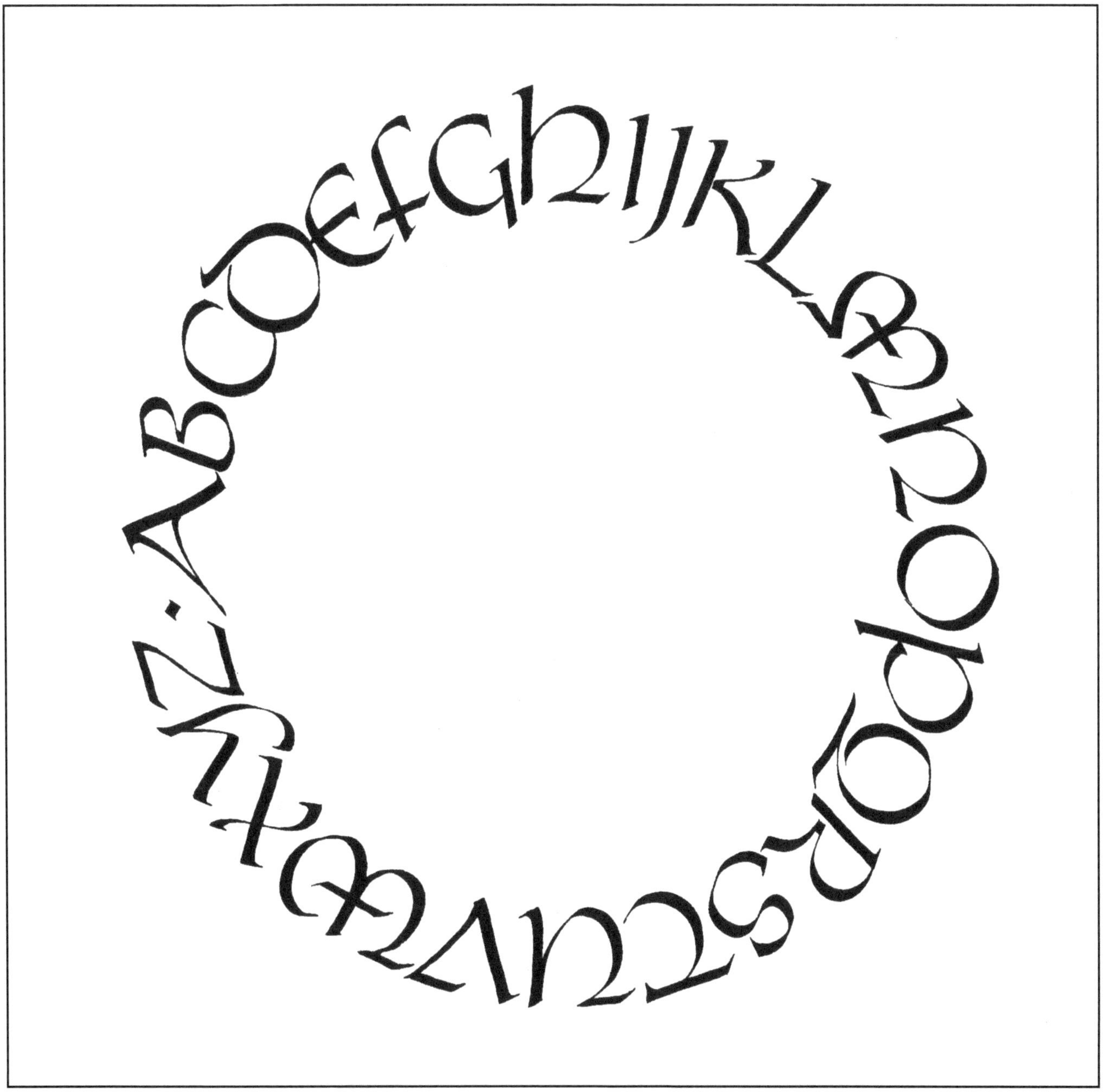

ABCDEFGHIJKLMNOPQRSTUVWXYZ·

Das obere Bild wurde mit Bandzugfeder und mit Hilfe von zwei parallelen Hilfslinien geschrieben. Die Farben später – nach dem Trocknen – eingefügt.

Die Glückwunschkarte unten ist eine Kombination aus Uncialis („Good") und einer sich wiederholenden Italic-Zeile („luck"). Auch hier sollte die Schrift der ersten beiden Zeilen getrocknet sein, bevor man die dritte und vierte einschreibt.

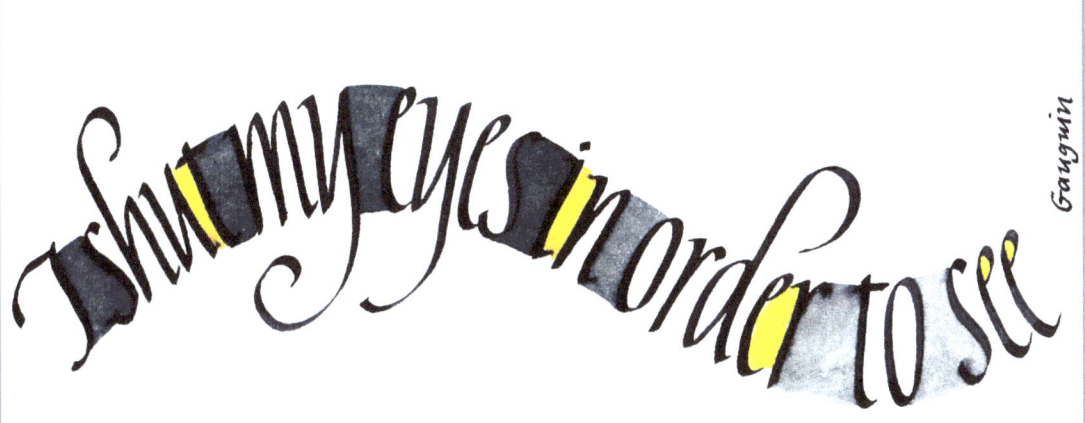

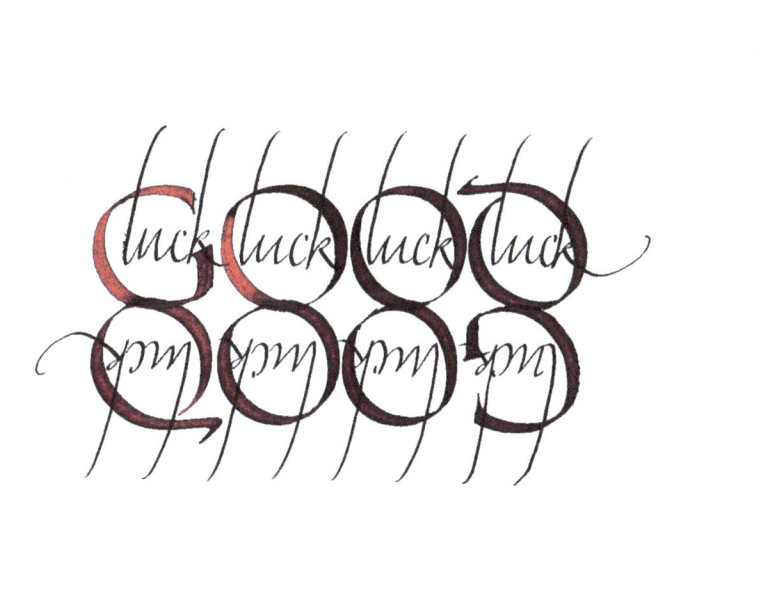

Während meiner Ausbildung hatte ich das Glück, gleich zwei Schriftlehrer an der Bundesfachschule in Lahr zu haben, die sich mit der Kalligrafie befassten – Herr Reimann und Herr Riethmüller. Von Letzterem stammt die Idee zu nebenstehendem Bild; ich habe seine Typografie (also die Anordnung der Antiqua-Buchstaben) übernommen und auch versucht, seinen Stil nachzuahmen.

Wenn Sie also dieses Bild kopieren, ist es sozusagen die Kopie einer Kopie ...

gott gibt die nüsse aber er beißt sie nicht auf.

goethe

Hier schreiben wir zunächst einen großen Buchstaben mit einem dicken Pinsel. Dazu kann es sinnvoll sein, nicht zu sitzen, sondern sich vor den Schreibtisch zu stellen und sich evtl. mit einer Hand etwas aufzustützen.

Vorversuche auf preiswertem Papier (z.B. Tapetenresten) sind angeraten, um den richtigen Schwung dann gut aufs Papier zu bekommen.

Nach dem Trocknen ergänzen wir den Rest des Textes. Hier mit Bandzugfeder und Tinte.

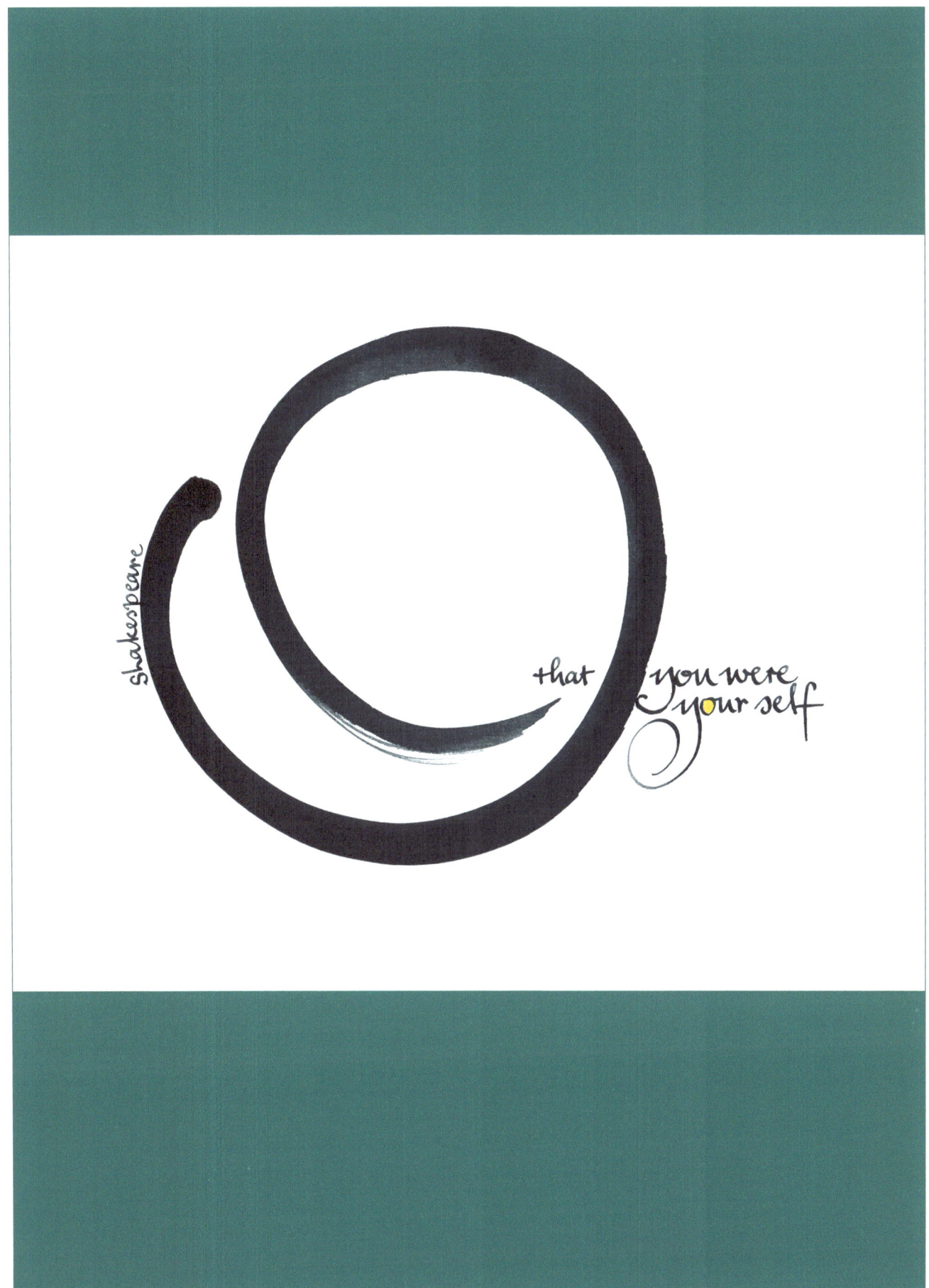

Für die Englische Schreibschrift (oberes Bild) brauchen wir eine gute Spitzfeder mit einer Tinte, die langsam ausläuft (z.B. Eisengallus-Tinte); dazu ein gutes Papier, auf dem die Feder nicht hängen bleibt und die Schrift nicht ausläuft. Hilfslinien sind sinnvoll.

Im unteren Bild wurde eine Handschrift verwendet, dazu eine Unterschrift, die der des Autors nachempfunden wurde. Hier braucht es keine Hilfslinien, sie würden sogar stören.

*Der größte Luxus,
den ich mir leiste, ist es,
keinen Luxus zu haben,
sondern Zeit.* — Alain Perrin

Mi madre un día me dijo:
"Si te haces soldado,
serás General;
si te haces monje,
terminarás como el Papa."
En cambio, me hice pintor
y ahora soy

Picasso

Bei vielen Texten wirkt helle Schrift auf dunklem Hintergrund schöner und das Auge sieht lieber einen weißen als einen schwarzen Text, wie Tübinger Forscher erst kürzlich herausgefunden haben.

Das obere Bild schreiben wir mit Pinsel und Aquarell-Deckweiß, das untere mit einer Cito-Feder. Die weiße Farbe wird hier mit dem Pinsel auf die Feder aufgetragen. Auf Hilfslinien verzichten wir, da sie sonst in der weißen Schrift nicht wegradiert werden können.

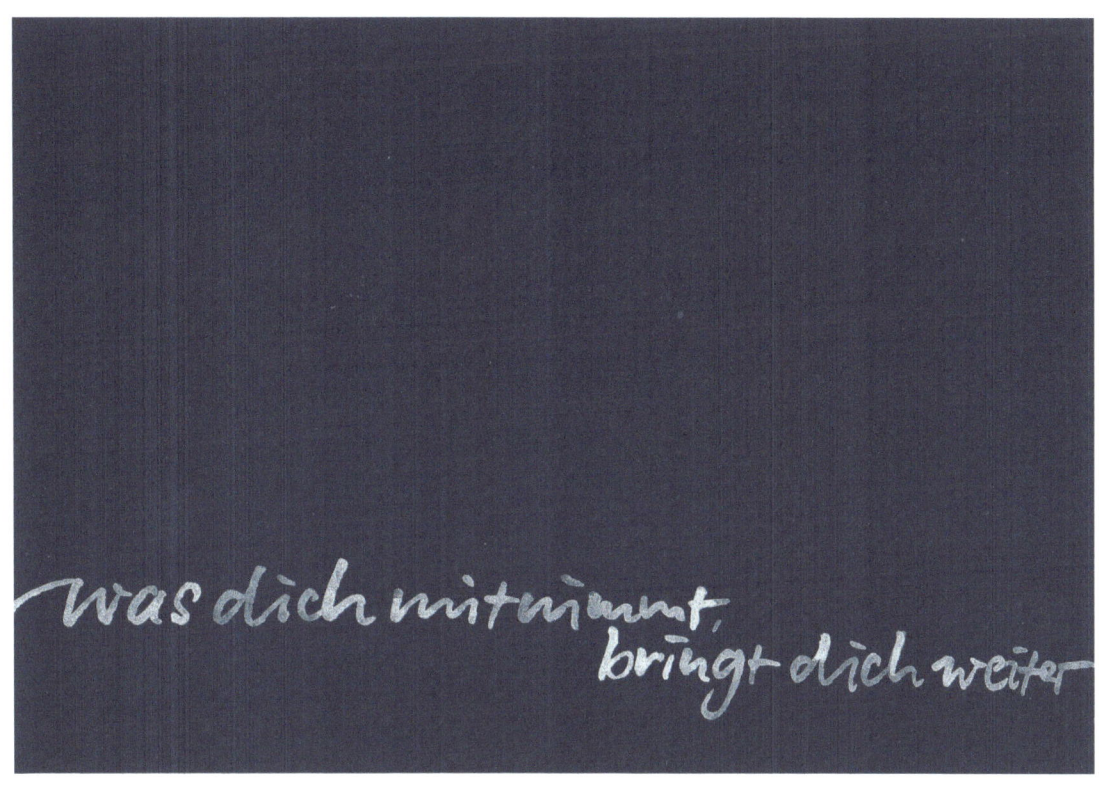

was dich mitnimmt, bringt dich weiter

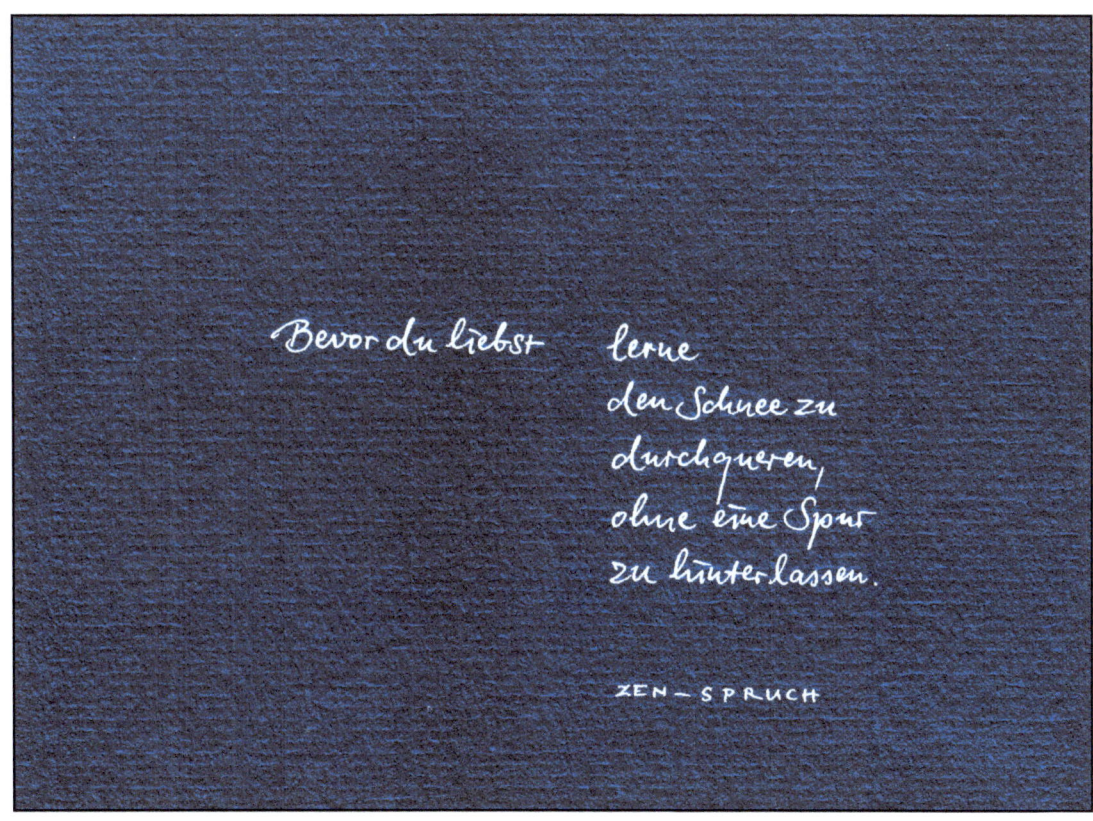

Bevor du liebst lerne den Schnee zu durchqueren, ohne eine Spur zu hinterlassen.

ZEN-SPRUCH

Aus den Formen der Antiqua und der Italic habe ich die so genannte „Schmale Antiqua"
entwickelt, die hier zu sehen ist. Sie muss eng und dicht geschrieben werden, um ihre
Wirkung zu entfalten. Die Zeilenabstände können sehr dicht oder etwas weiter, wie im
nebenstehenden Beispiel, gewählt werden.

Um das Bild zu kopieren (auch mit dunklen Buchstaben auf hellem Grund) empfehlen
sich Hilfslinien. Allerdings können diese oft bei weißen Buchstaben später nicht mehr
richtig ausradiert werden. Mein Muster ist dunkel geschrieben und später invertiert.

Björk: The Anchor Song

I live by the ocean
And during the night
I dive into it
Down to the bottom
Underneath all currents
And drop my anchor
This is where I'm staying
This is my home

Auch dieses Bild habe ich zuerst in schwarzer Tinte geschrieben und dann mit Photoshop invertiert. Um den gewünschten Text in so eine anspruchsvolle Form zu bringen, sind meist mehrere Testläufe notwendig.

Für eine Kopie übernehmen Sie einfach die Abstände mit dem Zirkel. Idealerweise zeichnen Sie sich für die Uncialis zwei Hilfslinien (Ober- und Unterkante der Buchstaben) ein. So wird sie gleichmäßiger als wenn man sie freihändig schreibt – speziell im Kreis, wo ich immer zu Hilfslinien rate.

SINÉAD O'CONNOR

I will have you witch me / my love / my love / my love / my love. / In my arms only are only my only / for you only

Das Wort „Wunder" habe ich mit einem abgeflachten Holzstück und Tinte geschrieben, die Ergänzung „Wir sind" mit dem gleichen Holzstück, jedoch mit der Seitenkante.

Da sich ein Holzstück nicht so gut kontrollieren lässt wie eine Feder oder ein Pinsel, ergibt sich dadurch eine gewisse Zufälligkeit, die den Reiz der Schrift ausmacht. Zudem läuft die Tinte nicht so gleichmäßig aus, so dass hellere und dunklere Passagen entstehen.

Der untere Spruch ist in Schwarz mit Bandzugfeder geschrieben, dann eingescannt und mit Photoshop Elements in zwei Farben auf einen ebenfalls eingescannten Büttenpapier-Untergrund aufmontiert (in einer neuen Ebene). Auf diesem Weg lassen sich auch sonst kaum beschreibbare Papiere verwenden.

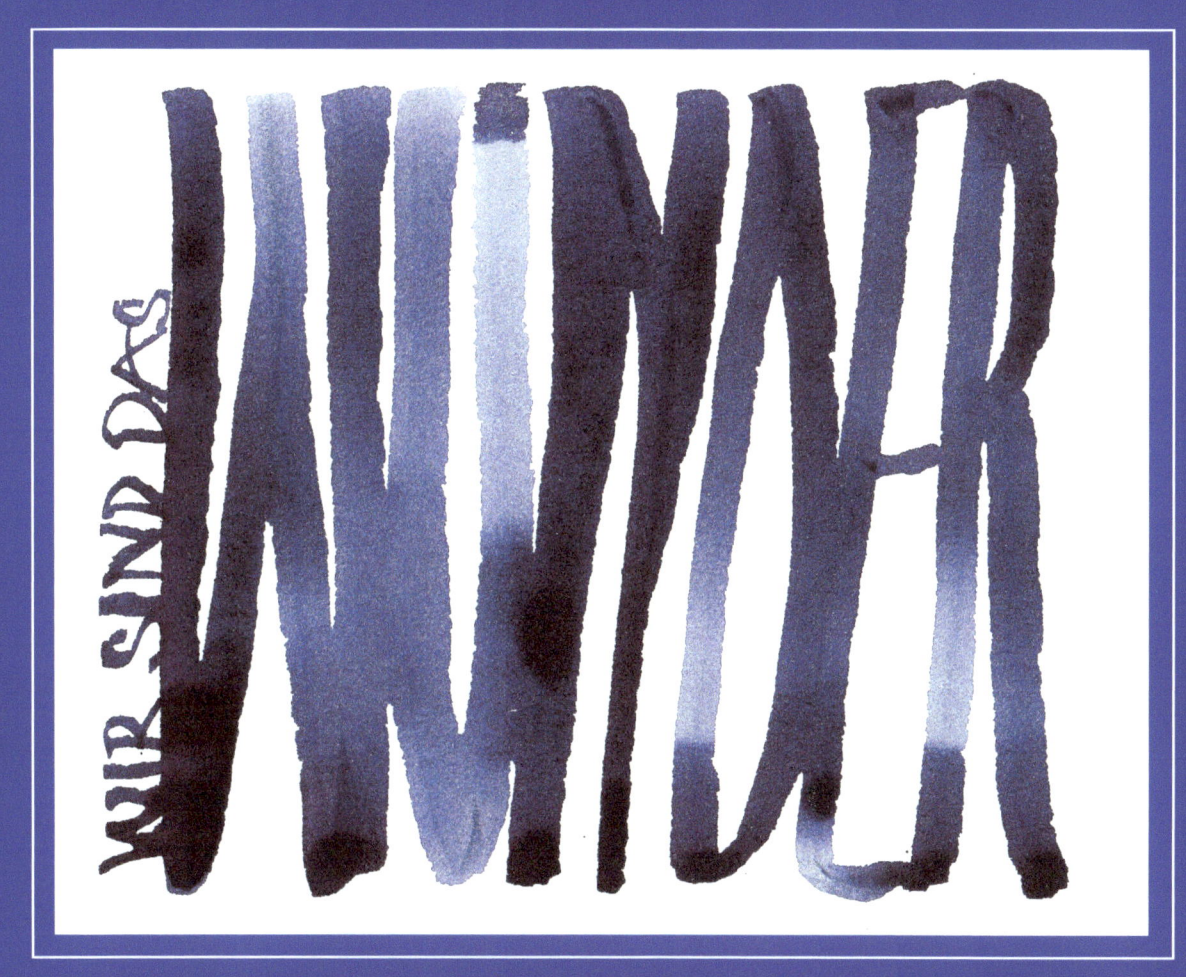

Um den Schwung in das große Wort zu bekommen, habe ich einige Vorübungen gemacht. Am Einfachsten gelang es mit der Ziehfeder. Die kleinen Texte habe ich dann mit der Bandzugfeder ergänzt, die farbigen Flächen mit dem Pinsel.

Die Abbildung ist ein klein bisschen verkleinert. Testen Sie unterschiedliche Größen und deren Wirkung!

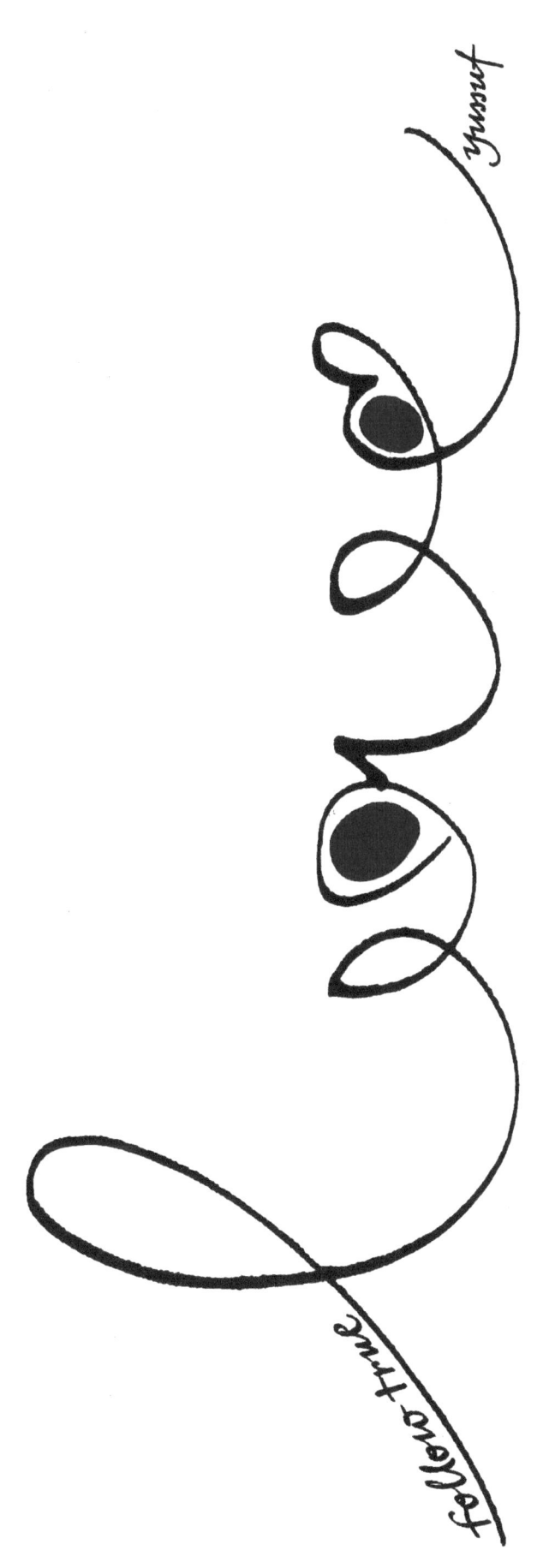

Zwei Motive, bei denen Sie mit Farben experimentieren können (und natürlich auch nur die Gestaltung übernehmen und sie mit anderen Texten füllen).

Oben ein Hintergrund mit einem breiten Aquarellpinsel und dem später mit der Ziehfeder darüber geschriebenen und leicht colorierten Text. Unten mit Acrylfarben auf festem Aquarellkarton colorierte schwarze Buchstaben aus Tusche, die dann am Schluss noch mit weißer Acrylfarbe und Ziehfeder überschrieben wurden.

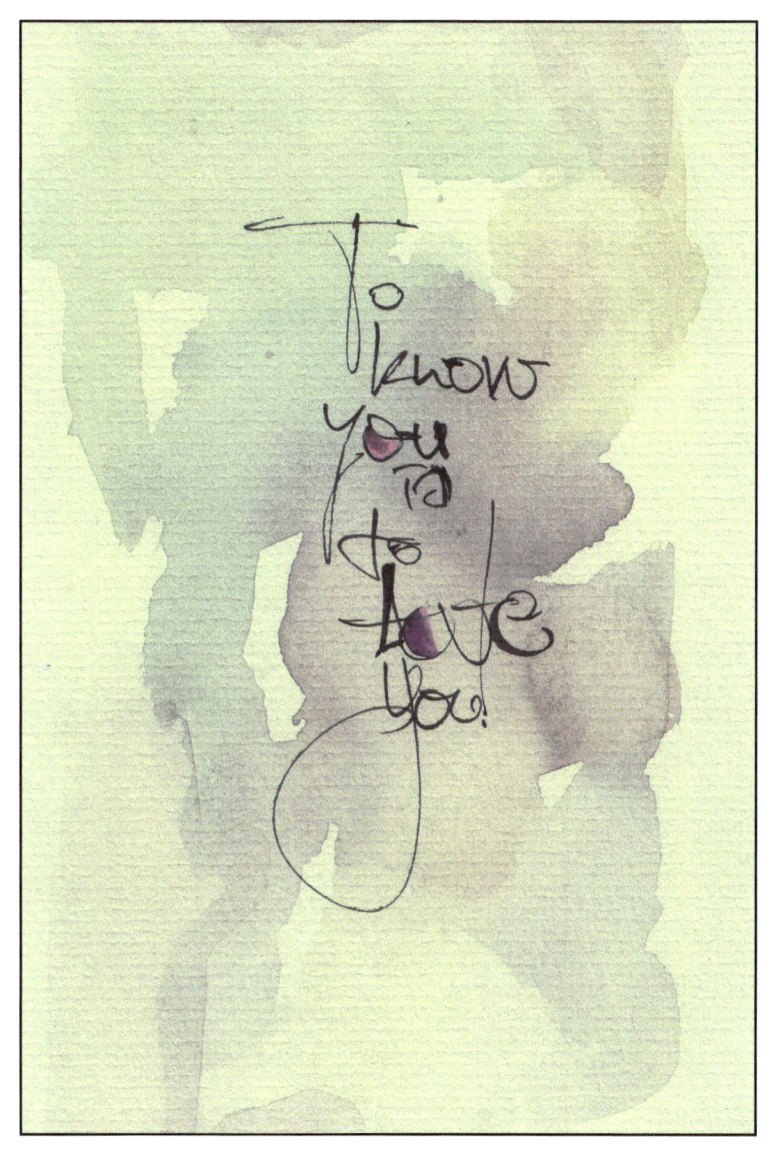

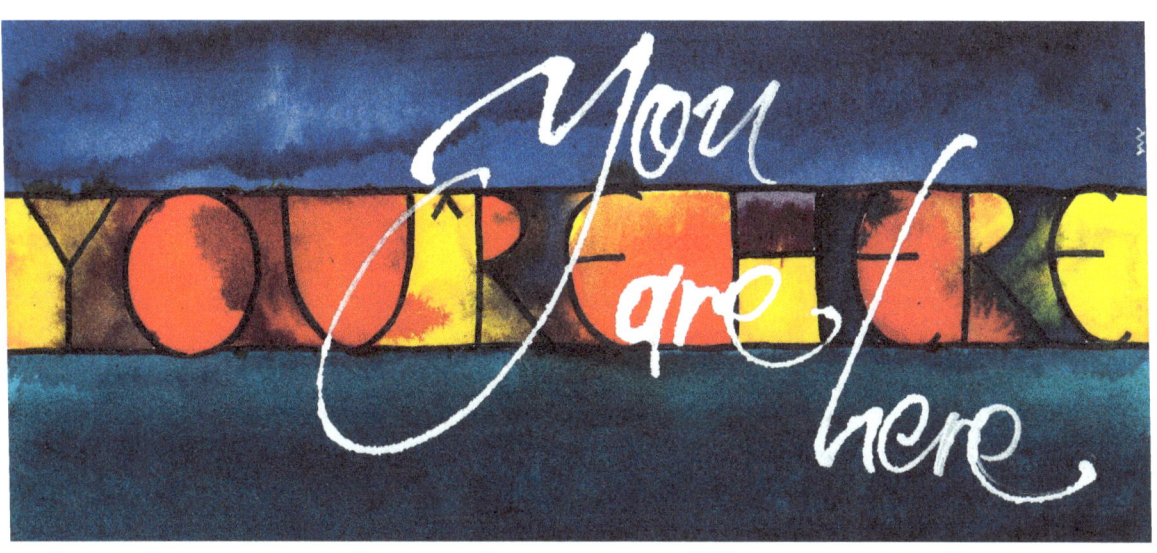

Hier zwei recht anspruchsvolle Vorlagen, bei denen Antiqua-Schrift mit Handschrift einen schönen Kontrast erzeugt.

Oben mit der Ziehfeder und zweierlei Tinten geschrieben („Ziel"), unten der Name der Autorin mit einer dünnen Bandzugfeder und der Haupttext mit wechselnden Tinten. Die Spiral- bzw. Kreislinien wurden jeweils mit Bleistift vorgezogen und die Textlänge vorab anhand von Versuchen abgeschätzt.

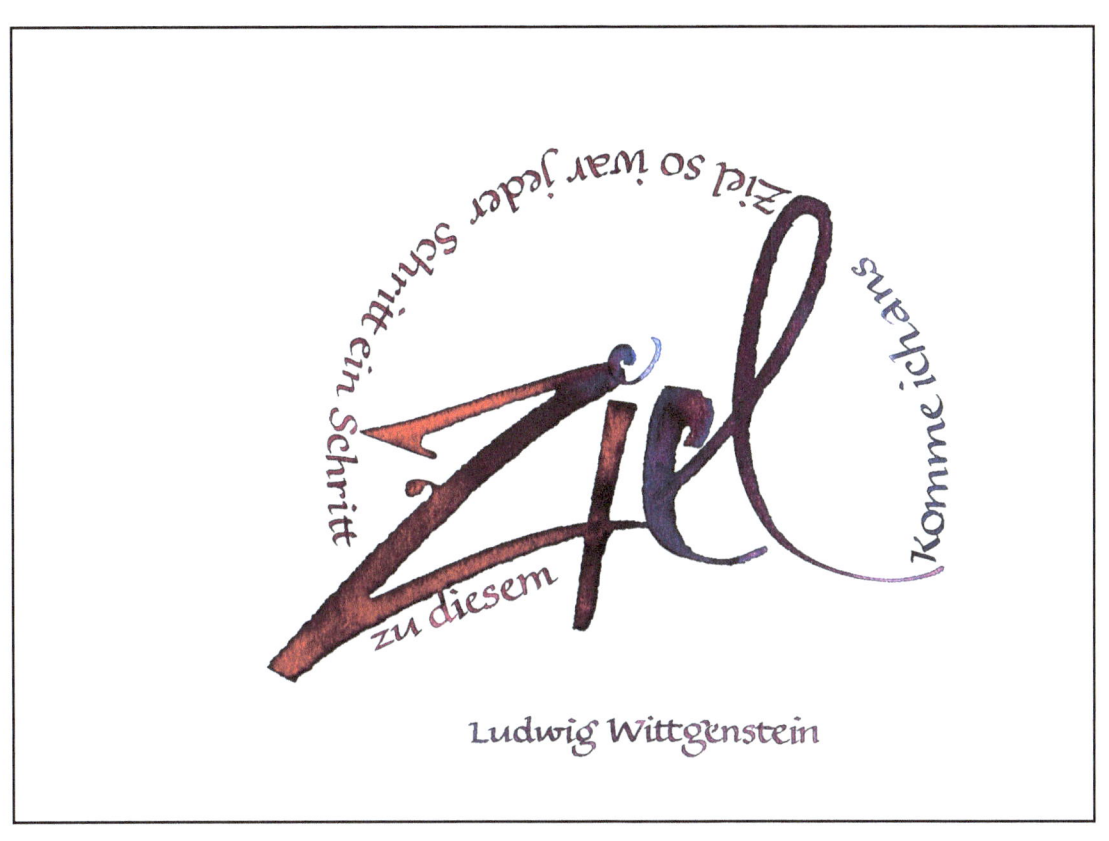

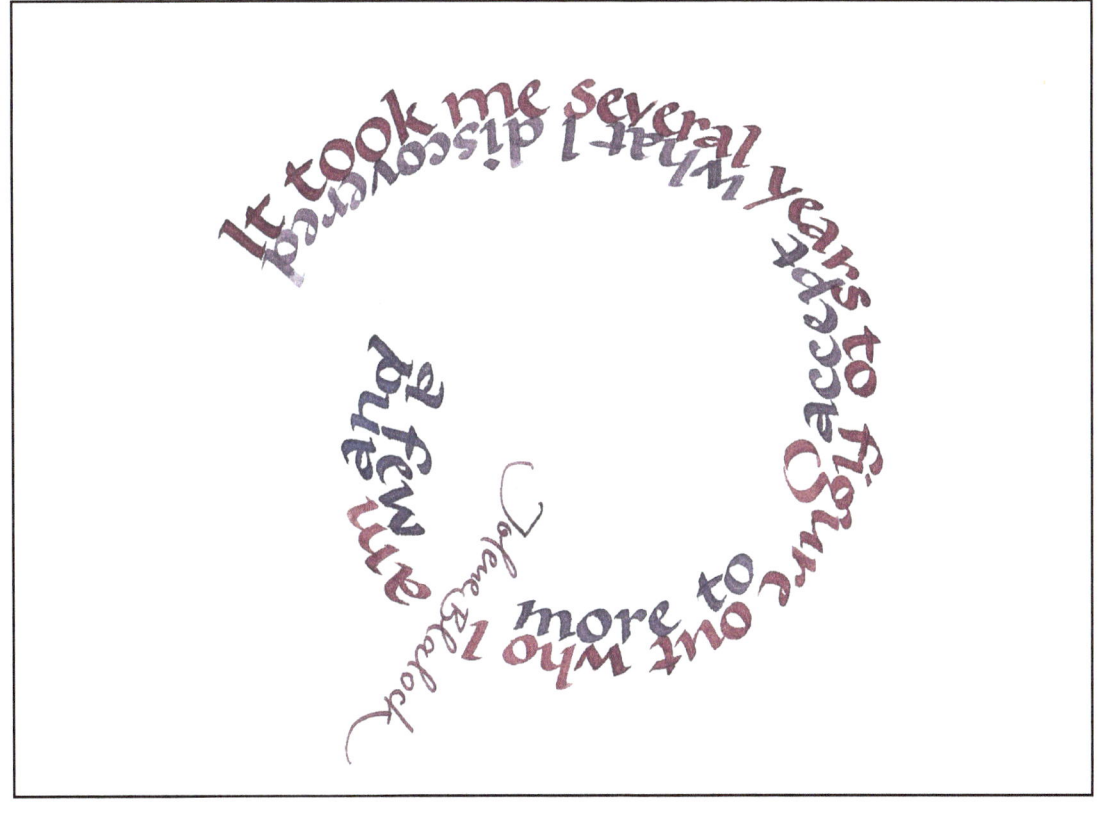

Beim oberen Motiv, wieder einer Italic-Handschrift-Variante, kann man auf Hilfslinien gut verzichten, da jede neue Zeile an die alte angesetzt wird. In dieser Anordnung bleibt viel Raum für Schwünge; sie lässt sich natürlich auch für andere Texte verwenden.

Ebenso bei der unteren Vorlage. Sie ist leicht erstellt, braucht nur vier Hilfslinien entlang der Ränder (oder gar keine, wenn man ein gutes Augenmaß hat) und erzeugt eine schöne Wirkung durch den freine Raum in der Mitte – der natürlich auch kreativ auffüllbar ist.

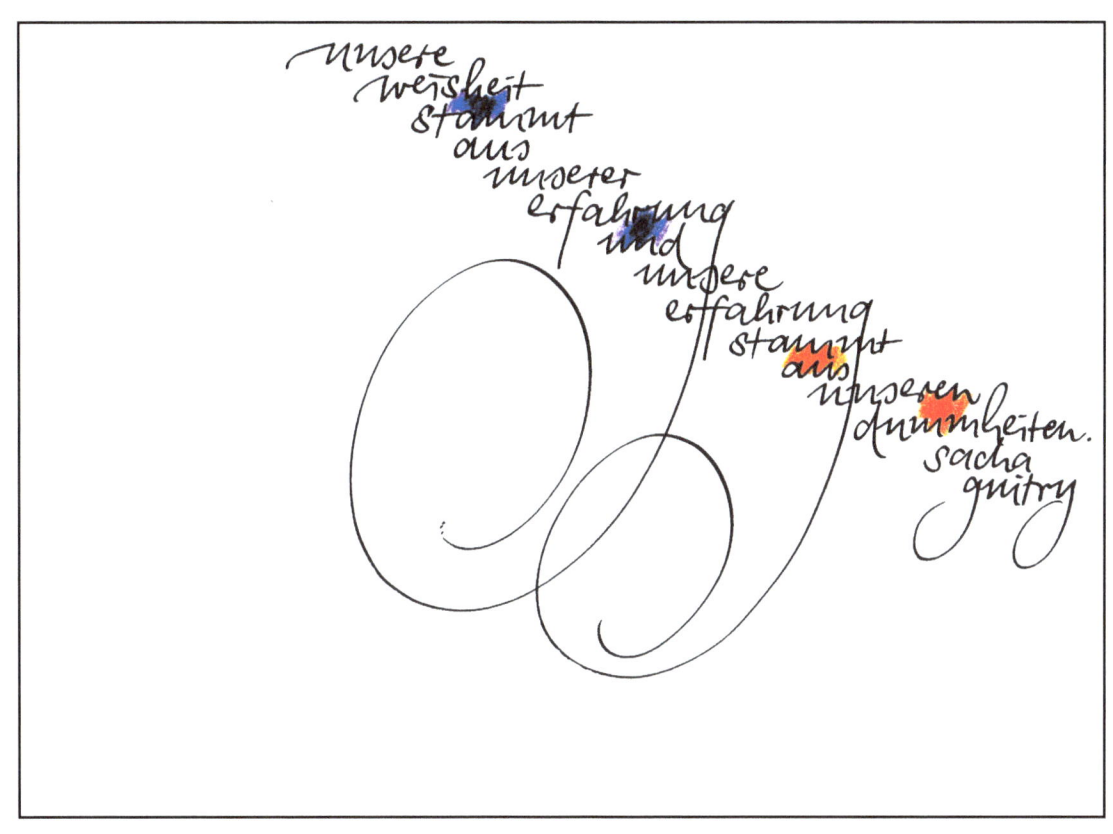

Wer mit wenig Aufwand einen Effekt erzielen möchte, der vom Computer nicht so leicht erzeugt werden kann, schreibt wie im oberen Beispiel einen Text (auch einen Namen) einfach in gleichmäßigen Abständen im Kreis. Dazu nutzen wir ein Geodreieck und die darauf verzeichneten Kreiswinkel-Abstände. 360° wird durch die Anzahl der gewünschten Zeilen geteilt (hier 16) und dann vom Mittelpunkt aus in Linien gezogen.

Das untere Motiv kann mit der jeweils aktuellen Jahreszahl angepasst werden. Die Wirkung der Ziffern entsteht dadurch, dass man sie selbst „unsichtbar" (hier mit Rot) schreibt und dann die Licht- und Schattenkanten nachzeichnet.

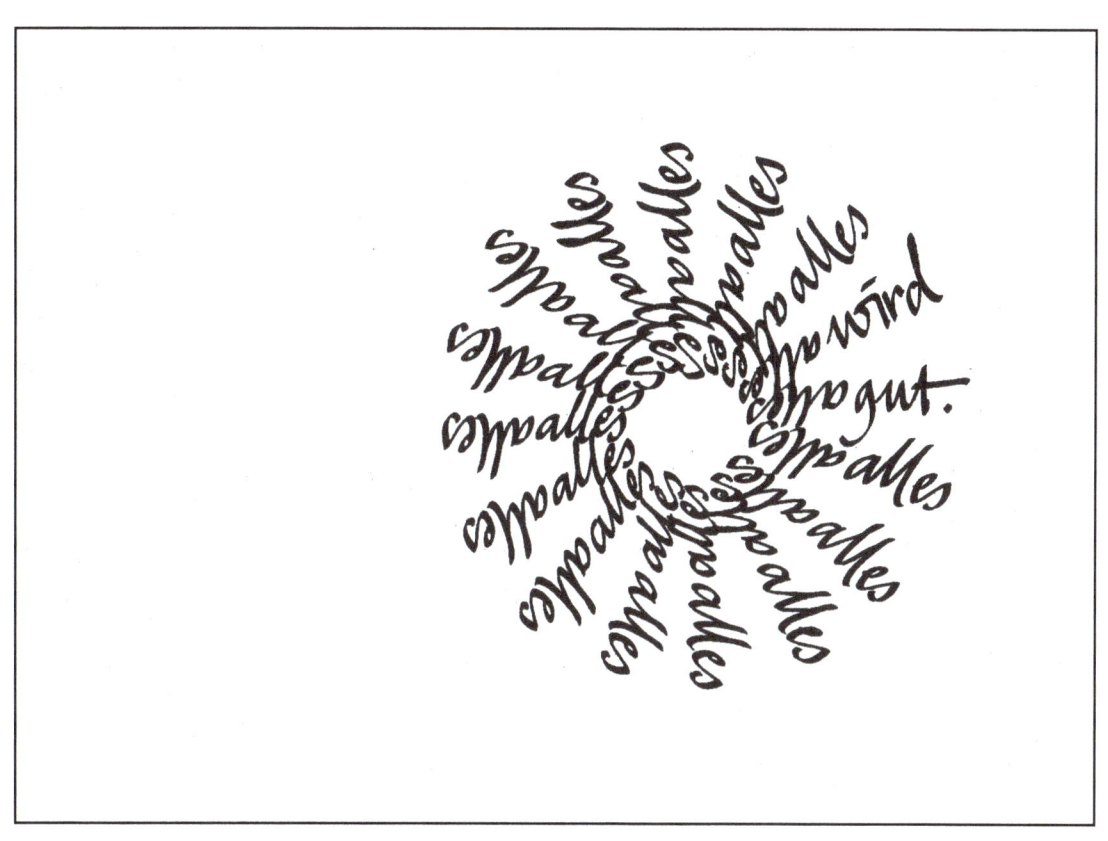

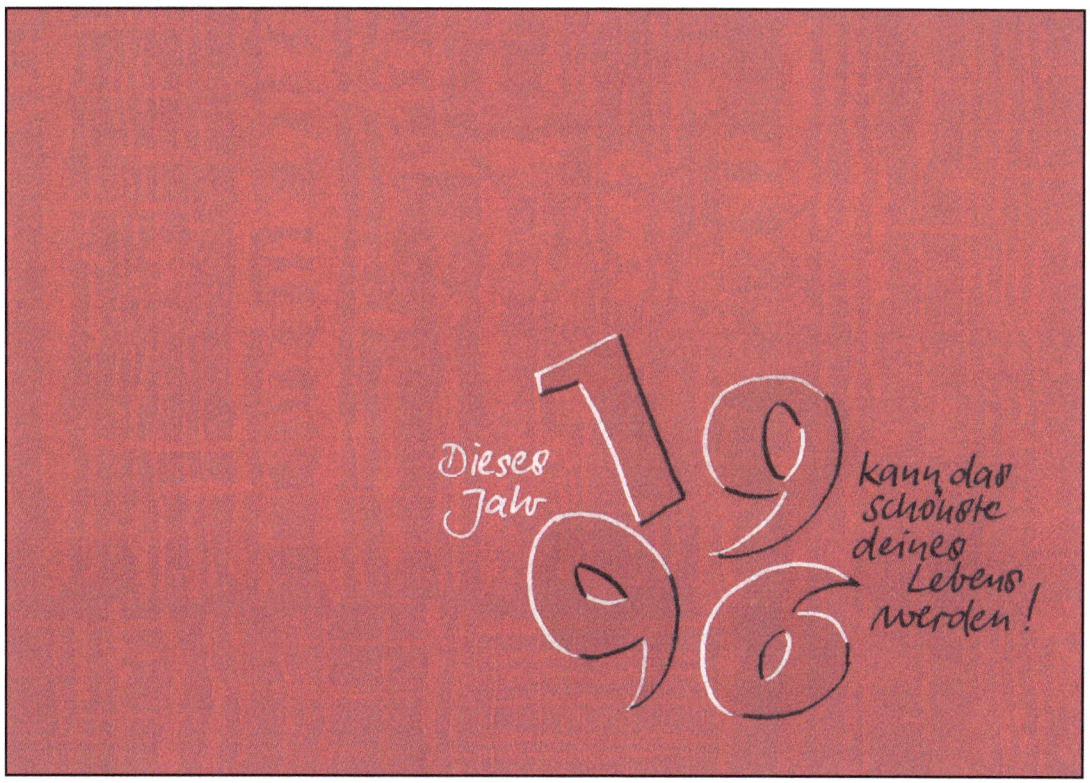

Die Schmale Antiqua (oben) eignet sich sehr gut dafür, Texte eng beieinander zu gruppieren. Hier ist der freie Raum rechts vom Text mit entscheidend für die anmutige Gesamtwirkung.

Als Beispiel dafür, wie man mit kreativen Formen Aufmerksamkeit erzeugen kann, ein Sternmotiv (als Anhänger gedacht). Mittels einer einfachen Schablone und einer kleinen Schere können so z.B. Kartonreste sinnvoll verwertet werden. Geschrieben mit Lackstiften.

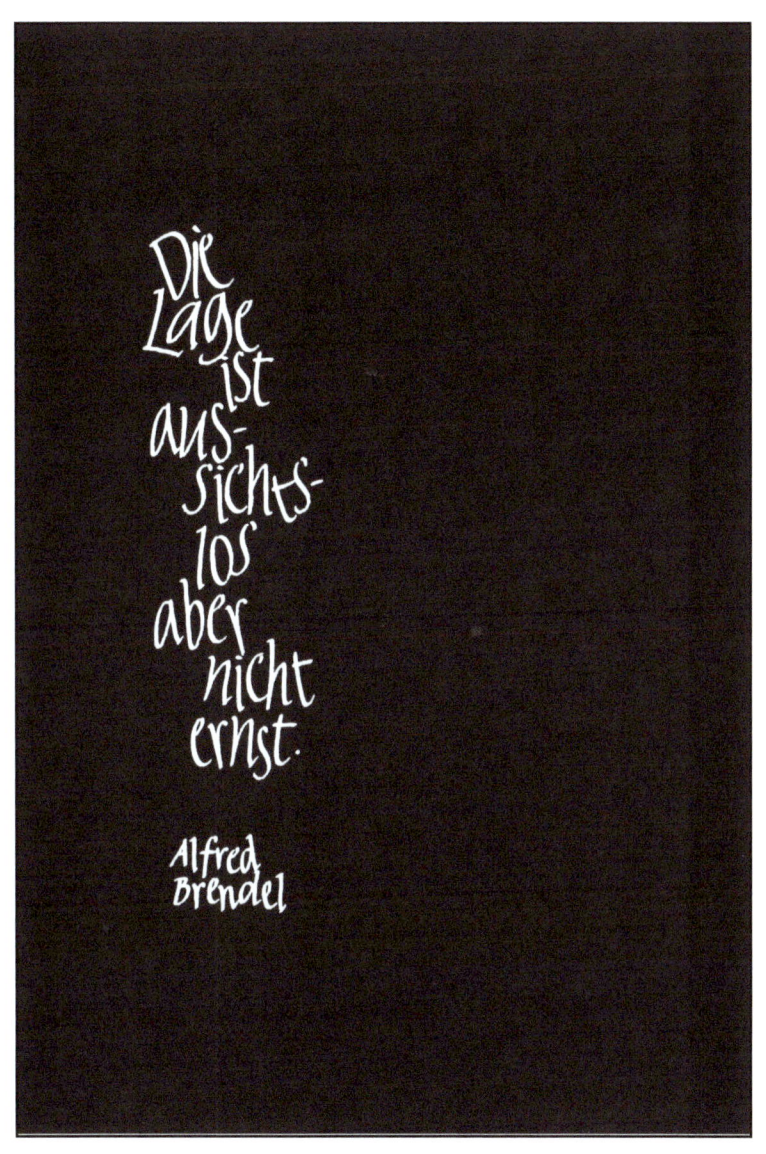

Wie in meinen Kalligrafie-Übungsbüchern zu sehen, halte ich es für sinnvoller, zur Übung ganze Wörter oder sogar Sätze zu schreiben, als nur Einzelbuchstaben.

Hier ein Großbuchstaben-Alphabet in Fraktur, geschrieben mit der Bandzugfeder. Als Übung kann man einfach Wörter, die einem gefallen, in eine Heft schreiben. Meist sind Schulschreibhefte gut geeignet, da sie aus geleimtem Papier gemacht sind (idealerweise).

Adler Bequemlichkeit Cajak
Delfin Erde Frühling
Gymnastik Heimweg Insel
Jux Katze Love Mai
Natur Optimist Piano
Quelle Rose Strand Tau
Urlaub Vogel Wasser
Xenion Yak Zeit

Hier ein Beispiel, wie man dreierlei Schriftarten kombinieren kann. Die Kontraste müssen stark genug sein, auch die Abstände sind in diesem Fall von Bedeutung, weil jedes Wort um sich herum ausreichend Raum behält.

Zum Nachschreiben: Das obere Wort ist mit einer fetten Bandzugfeder geschrieben und dann mit der Cito-Feder verziert. Das mittlere mit der gleichen breiten Bandzugfeder und das untere mit einer Ziehfeder.

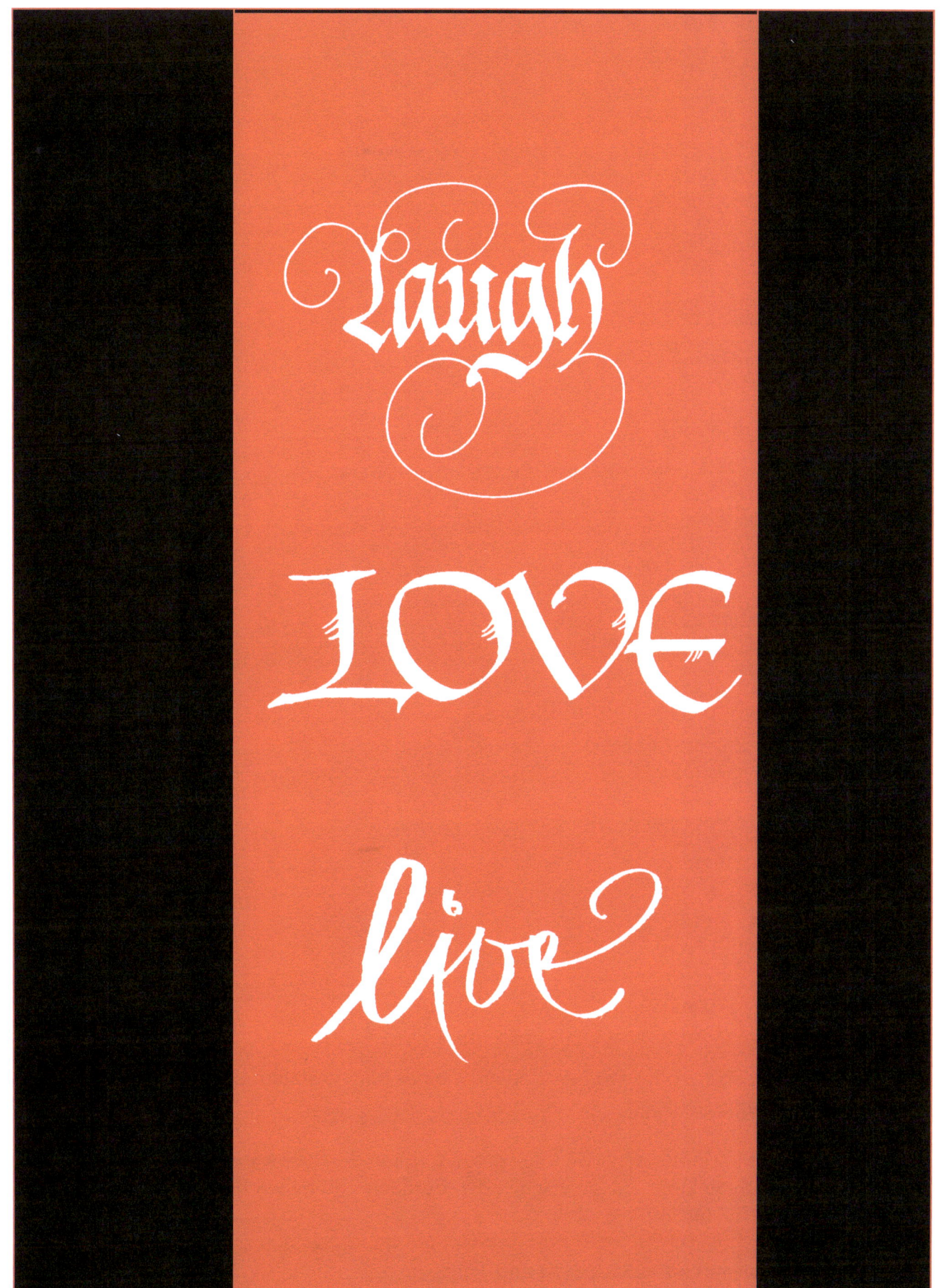

Wie man auch mit einem oder zwei Worten ein kleines Blatt gestalten kann, zeigen diese beiden Vorlagen.

Oben wurden vier harmonische Schwünge gesetzt, unten die Buchstaben zueinander so gestellt und leicht gekippt, dass zwischen den dunklen und hellen Bereichen ein gutes Gleichgewicht entsteht.

Geschrieben jeweils mit Bandzugfedern und Tinte.

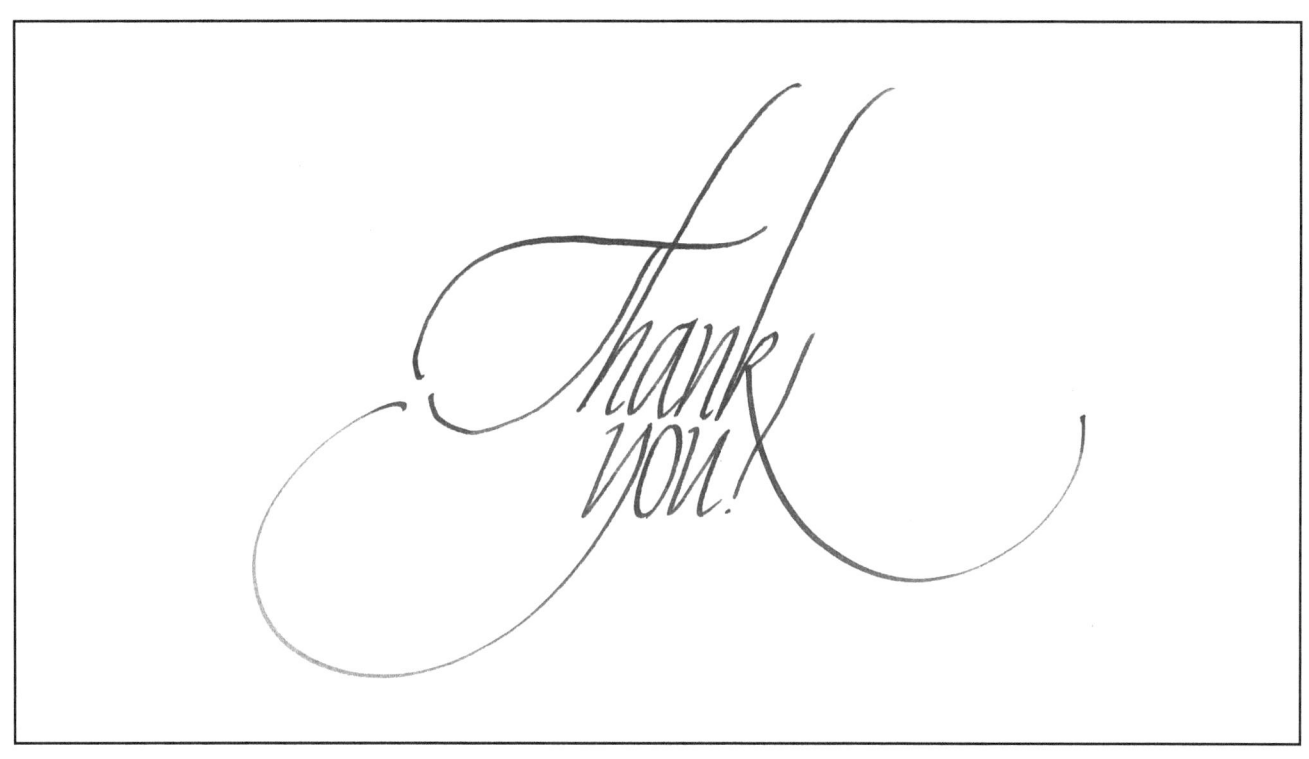

Manchmal kann man mit wenig Aufwand ein schönes Geschenk dadurch herstellen, dass man den Anfangsbuchstaben des Beschenkten (oben) oder seinen Namen (Mitte) schön gestaltet.

Oder etwa ein Lesezeichen (unten) mit einem kurzen Spruch so gestaltet, dass der Beschenkte automatisch genau hinschauen muss, bevor er ihn entziffern kann

Der Buchstaben oben wurde mit Acrylfarbe geschrieben und dann mit diversen Blütenblättern, Pigmenten und Glitzerstaub bestreut. Der Name in der Mitte ist mit Ziehfeder geschrieben und dann mit Temperafarbe coloriert. Für den Spruch (unten) empfiehlt sich eine Hilfslinie. Das Blatt muss jeweils zum Schreiber ausgerichtet werden.

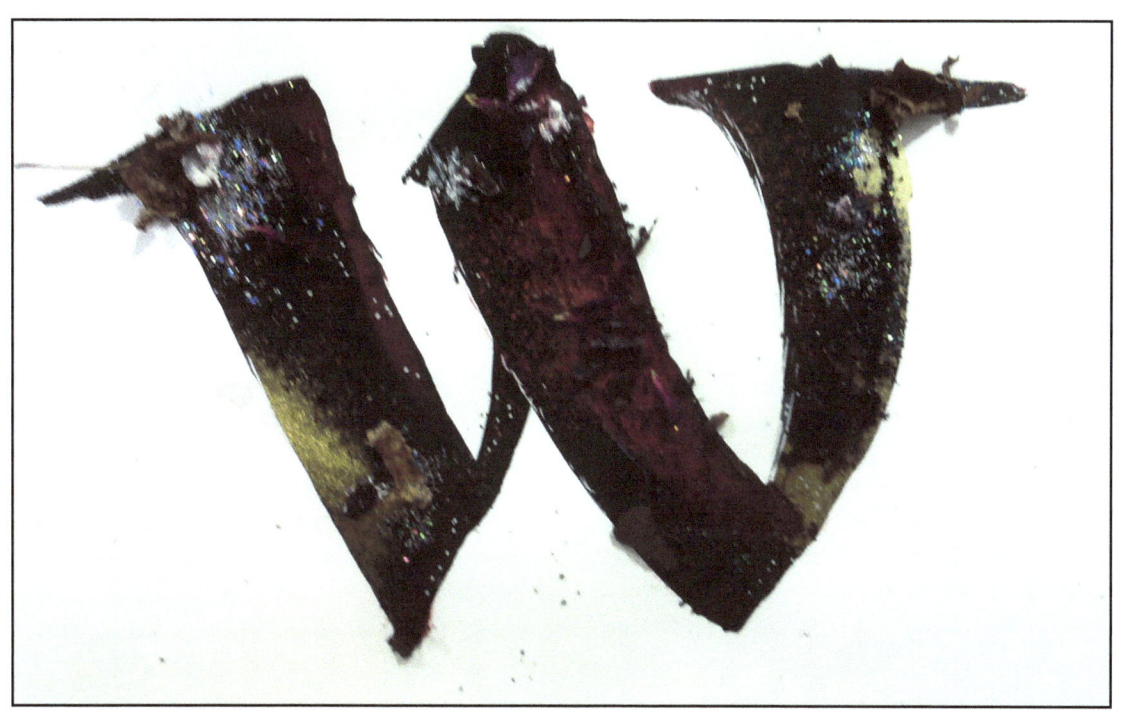

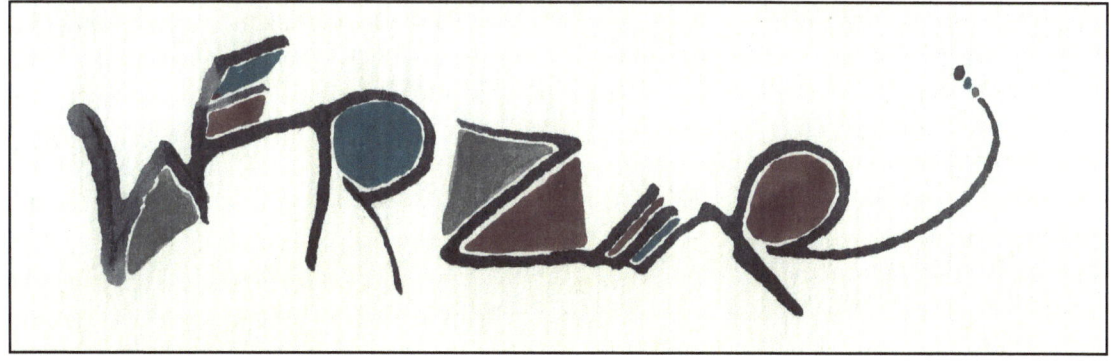

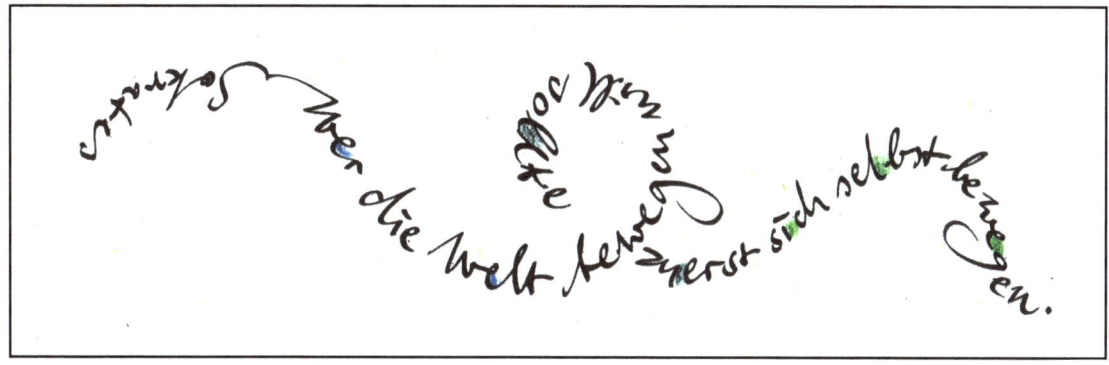

Wer die Welt bewegen wollte, bewegt sich selbst bewegen. Sokrates

www.ingramcontent.com/pod-product-compliance
Lightning Source LLC
Chambersburg PA
CBHW051203220526
45473CB00003B/879